CINQ PAR JOUR!

FOLIE-VAUDEVILLE EN UN ACTE

PAR

M. WILLIAM BUSNACH

Représentée pour la première fois à Paris, sur le théâtre des Folies-Marigny, le 27 avril 1865.

PARIS

E. DENTU, EDITEUR

LIBRAIRE DE LA SOCIÉTÉ DES GENS DE LETTRES

PALAIS-ROYAL, 17 ET 19, GALERIE D'ORLÉANS

1865

Coulommiers — Typ. A. MOUSSIN et Ch. UNSINGER.

A

M. L. STAPLEAUX

Souvenir affectueux

William BUSNACH.

DISTRIBUTION

PERSONNAGES.		ACTEURS.
CANIVET.	MM.	E. Gourdon.
BRISEMUCHE		Augustin.
ANATOLE		Gatinais.
EUCHARIS.	Mmes	J. D'Asfeld.
[illegible]		Léontine.
LOUISE		Jolly.

La scène se passe de nos jours, chez Canivet, à Paris.

CINQ PAR JOUR

Le théâtre représente une salle servant à la fois de bureau et de salle à manger. A droite, une table, à gauche, un bureau avec des cartons, chaises, un grand fauteuil, porte au fond. Portes latérales; une fenêtre près de la porte du fond. A gauche de la porte, très en vue du public, une ardoise pendue au mur et un morceau de craie attaché par une ficelle.

SCÈNE PREMIÈRE

EUCHARIS, ANASTASIE.

(Au lever du rideau, Eucharis est assise devant le bureau et écrit sous la dictée d'Anastasie.)

EUCHARIS.

Voyons, Anastasie, dépêchons-nous un peu, Il faut que le déjeûner soit prêt à onze heures, et vous savez que M. Canivet n'aime pas attendre. Nous disons donc : Beurre et radis, dix-huit sous.

ANASTASIE.

Oui, madame... charbon, quarante sous.

EUCHARIS.

Qu'est-ce que vous dites donc là ! quarante sous de charbon?

ANASTASIE.

Ah ! je vais vous dire, madame, c'est que c'est du charbon de bois... et le bois est hors de prix ! Ce n'est pas étonnant, avec toutes les constructions qu'on fait à présent.

EUCHARIS.

Continuons..

ANASTASIE.

Poulet, quatre francs...

EUCHARIS.

Quatre francs! Enfin, cela fait... (Additionnant.) 9 fr. 45 centimes! ah! c'est heureux que M. Canivet n'invite pas tous les jours quelqu'un à son déjeûner! Tenez, voici votre argent... (Elle sort de sa poche son porte-monnaie et son mouchoir, une lettre tombe par terre sans qu'elle s'en aperçoive.) Maintenant ne perdez pas une minute!

ANASTASIE.

Un petit coup de balai, et je me sauve à mes fourneaux.

EUCHARIS.

Moi, je vais me hâter d'achever ma toilette... allons Anastasie, ne lambinons pas, hein, ma fille. (Elle sort.)

SCÈNE II

ANASTASIE, seule.

(Elle prend un balai en dehors de la porte du fond, revient sur le devant de la scène, et dit en regardant la porte par où s'est éloignée Eucharis.)

Décidément, c'est une brave femme que madame Canivet.

Air : *de l'Artiste.*

Elle est bonne et pas fière
Et moi je l'dis tout net
Jamais une cuisinière
N'prit mieux son intérêt.
(Avec fierté.)
Ma conscience honnête
N'veux pas d'bien mal acquis.
Aussi, sur c'que j'hachète
Je n'gagne que moitié prix,
Voulant rester honnête,
Je n'gagne que moitié prix!

(Elle aperçoit la lettre qu'Eucharis a laissé tomber.) Tiens!.... qu'est-ce que c'est que ça? ah! ce sera tombé des papiers de M. Anatole, le clerc de Monsieur.. quel dommage de ne pas savoir lire l'écriture! Je remettrai ça à M. Anatole. (Regardant autour d'elle.) Ça m'a l'air assez balayé ici.... oui... songeons maintenant au déjeûner. (Elle sort par le fond.)

SCÈNE III

EUCHARIS, sortant de sa chambre avec précipitation.

Rien dans ma chambre.. rien dans mes poches... où diable

puis-je avoir perdu cette maudite lettre ! ah ! si elle tombait entre les mains d'Ernest ! (Au public.) Ernest, c'est mon mari... Et pour la jalousie, il enfonce complétement le tigre, bien que cet animal soit breveté pour cette spécialité...

Air *de Castibelza.*

Il est jaloux du rayon qui caresse
Mon front joyeux.
Il est jaloux du *ruban* que je tresse
Dans mes cheveux.
Il est jaloux du tissu qui m'enlace
Du zephir doux.
Quelque fois même du vitrier qui passe
Il est jaloux,
Dieu ! quel jaloux.

SCÈNE IV

EUCHARIS, ANATOLE.

ANATOLE, entrant très-vivement par le fond.

C'est moi... bonjour, pat... (Apercevant Madame Canivet.) ah ! Madame Canivet, mes hommages !

EUCHARIS.

Bonjour, M. Anatole, bonjour.

ANATOLE.

Tiens ! vous paraissez bien préoccupée, madame ?

EUCHARIS.

Moi... non, non...

ANATOLE.

Vous cherchez quelque chose ?

EUCHARIS.

Oui... une lettre... c'est-à-dire,... de ma couturière, M. Anatole... de ma couturière...

ANATOLE, indifférent.

Ah !

EUCHARIS.

Et je ne sais où je l'ai mise.. je crains même de l'avoir égarée.. vous n'avez rien trouvé par hasard dans l'escalier ?

ANATOLE.

Moi !.. non madame... Et d'ailleurs, y trouver quelque chose, cela me paraît difficile.

Air : *Restez, restez, troupe jolie.*

Car cet escalier que je monte
A la hâte soir et matin
A son architecte fait honte,
A peine y voit-on son chemin
Même en tâtonnant de la main !
Il est noir... comme un mélodrame !
Ou comme l'âme d'un huissier !
Je n'connais que vos yeux, madame,
De plus noirs... que votre escalier !
Excepté vos yeux, rien, madame,
N'est si noir que votre escalier !

EUCHARIS.

Ah! M. Anatole, cette comparaison est une galanterie!

ANATOLE.

On fait c'qu'on peut, madame!

EUCHARIS, toujours préoccupée.

Oh! à tout prix.. il faut que je la retrouve... (A Anatole.) Quelle heure est-il donc, je vous prie?

ANATOLE.

J'arrive à l'instant, madame, donc il est 9 heures. (A part.) Je ne suis pas fâché de lui dire ça.

EUCHARIS.

Oui, oui, je le sais, vous êtes d'une exactitude remarquable... aussi je ne vous cacherai pas que mon mari qui a déjà fait quelques douzaines de clercs avant de vous rencontrer, est complétement satisfait de vos services..

ANATOLE, l'interrompant.

En un mot... je le botte!.. (A part.) Quelle amère dérision!

EUCHARIS.

Allons, M. Anatole, je vous laisse à votre besogne; il faut que je sois prête de bonne heure, nous avons à déjeûner un ami de mon mari qui arrive de Besançon...

ANATOLE.

Besançon... vous avez dit Besançon?

EUCHARIS.

Oui, sans doute... qu'y a-t-il d'étonnant à ce qu'on arrive de Besançon?

ANATOLE.

Rien!... Oh! mais rien du tout, madame. (Très-troublé) Il y a même tous les jours deux locomotives qui ne font que ça, et personne n'en est surpris... (A part) je ne sais plus trop ce que je dis, moi..

EUCHARIS.

Au revoir, M. Anatole, au revoir... (A part) Je vais remuer tous mes tiroirs. (Elle sort).

SCÈNE V

ANATOLE, seul.

(Il fait le geste de se trouver mal, va prendre une chaise au fond, et s'y laisse tomber avec accablement.) Besançon! encore Beançon! Ah! ça, mais il reviendra donc sans cesse patauger dans mon existence, ce chef-lieu du département du Doubs... trente-neuf mille sept cent dix-huit habitants! ou plutôt trente neuf mille sept cent dix-sept, à présent! bah! au fait, n'y pensons plus! non je ne veux plus songer qu'à mon amour. Elle est si gentille, ma Louise, car celle que j'adore n'est autre que la fille de M. Canivet, mon barbare patron... Et si vous saviez par quelle suite de circonstances... au fait, j'ai beaucoup à travailler ce matin, et je vais vous conter cette anecdote : C'était donc quelques jours après ma fuite précipitée de Bes..., Vous savez, 39.717 habitants! Je me trouvais près de la Madeleine. Tout-à-coup, mes yeux se portent sur une petite affiche manuscrite, collée à l'un des arbres du boulevard, et qui anonçait que l'on demandait un clerc de bonne volonté, rue du Grand Hurleur, 17. Rue du Grand Hurleur... fatal présage! Je me précipite à la hâte dans l'omnibus qui accomplit si rapidement le trajet des boulevards. Il commençait à pleuvoir, et quelques secondes après, le conducteur abaissait la plaque noire qui laisse à découvert ce mot grossier : *complet.* Au passage de l'opéra, première station, un gros monsieur descend de la voiture, et au même instant, je vois apparaître sur le marchepied une tête... ravissante de jeunesse et de fraîcheur. Puis j'entends ces mots prononcés par une voix...: Oh! une voix! — Ah! il n'y a qu'une place... Je n'hésitai pas une seconde, et arrêtant le bras du conducteur pret à tirer le cordon fatal qui nous eut séparés à jamais. .—Montez, mesdames, m'écriai-je, je monterai, moi, sur l'impériale. La dame qui accompagnait ma jolie voyageuse me répondit par un gracieux : —Merci beaucoup, monsieur... L'autre se contenta de sourire.. mais ce sourire.. Oh! il m'alla droit au cœur... et je grimpai sur l'impériale. Je crois vous avoir dit qu'il pleuvait un peu à la Madeleine... vers le Gymnase, la pluie s'était changée en un véritable déluge... Eh bien, vous me croirez si vous voulez, mais j'étais si heureux de me faire tremper pour l'adorable personne qui était sous moi que c'est à peine si je sentais cette averse qui me transperçait les os... je vous passe le voyage.. Arrivé, près de la Bastille je descends tout ruisselant et jette un regard inquisiteur dans la voiture. O douleur ! ô râge ! plus rien que trois militaires, dont une bonne d'enfant. Après quelques minutes données, sous une porte cochère, au plus violent désespoir, je me décide à me rendre chez l'homme d'affaires en question : j'arrive, je monte, je sonne, et.. devinez qui vient m'ouvrir. L'une de mes deux voyageuses... c'était madame Canivet, la belle mère de l'omnibus... Elle me reconnaît, me fait entrer, et me présente à son mari. Il paraît que j'arrivais comme la marée en carême.. Du reste, mon état d'humidité, justifiait parfaitement cette comparaison! Bref ! je suis admis, pas logé, pas blanchi, pas nourri, et 60 francs par mois!... c'était un coup de fortune.. J'acceptai.. seulement... Ah! voilà où la médaille commence à montrer son revers... Seulement, ajouta M. Canivet, il faut que je t'avertisse d'une condition sans laquelle je ne pourrais te garder près de moi...—Parlez, lui dis-je....et il parla! Ce qu'il exigeait... Ah! je l'eusse refusé avec indignation si l'image adorée de Louise n'eût pas été déjà photographiée dans mon cœur! Et cette condition, c'était que, cinq fois par jour, je me laisserais donner... Je ne sais vraiment trop comment vous expliquer cela.

Air :

C'est un affront... et des plus ridicules
Et mon patron aurait dû bien plutôt
Aller tout droit chercher aux Funambules
Pour son commis ou Cassandre ou Pierrot!
Car, ce qu'enfin, j'ose à peine vous dire
A ce théâtre est tout à fait de ton,
Et les acteurs s'y donnent, mais pour rire
Ce que chaque soir, je reçois pour de bon!
Aux Funambules, on les donne pour rire
Tandis, qu'ici je les reçois pour de bon!

SCÈNE VI

CANIVET, ANATOLE.

(Canivet entre en scène vers la fin du couplet, voyant qu'Anatole ne s'aperçoit pas de sa présence, il va à lui et donne très-gracieusement un coup de pied qu'Anatole reçoit froidement.)

ANATOLE, au public.

Vous savez tout, maintenant... (Il se dirige vers l'ardoise, prend la craie et trace une barre — en redescendant — à part.) Et madame Canivet qui prétendait tout à l'heure que je le bottais!

CANIVET.

Bonjour, Anatole, bonjour,

ANATOLE.

Bonjour, patron...

CANIVET.

Est-ce que tu as déjeuné?

ANATOLE.

Pas encore, patron... (Avec amertume.) Mais je viens de prendre mon absinthe!

CANIVET.

Ah! je suis enchanté que tu n'aies pas déjeuné.

ANATOLE.

Vous m'invitez... ah! patron!

CANIVET.

Mais non, mon ami... j'en suis enchanté parce que tu vas avoir pas mal de courses à faire, et que n'ayant pas déjeuné, tu n'en seras que plus leste.

ANATOLE.

Ah! bon...

CANIVET.

Voyons! je t'ai remis hier, n'est-ce pas, le contrat du sieur Bourganel... Tu iras ce matin annoncer à la Compagnie Générale le décès de cet honorable négociant.

ANATOLE.

Tiens!.. il est mort?

CANIVET.

Comment, tu ne te rappelles pas... mais je te l'ai dit hier, imbécile... (Il va pour lui donner un coup de pied, puis tire sa montre.) Non... trop tôt!.. Puis tu verras si tout est bien en règle pour la somme qui me revient dans cette affaire.

ANATOLE.

Oui patron, j'y vais...

CANIVET.

Anatole... Eh bien, et le contrat? (Il lui donne un coup de pied, toujours très-gracieusement.) Quelle légèreté!

ANATOLE.

Je ne trouve pas!

CANIVET.

Ensuite... tu...

ANATOLE.

Un moment, patron, un moment, il faut de l'ordre avant tout. (Il va à l'ardoise et tire une seconde barre.) Je suis à vous, maintenant.

CANIVET, à part.

La régularité de ce garçon m'enchante. (A Anatole.) Ensuite, tu passeras chez un marchand de comestibles, et si tu trouves un homard bien gros, bien appétissant, qui ne soit pas trop cher, tu l'achèteras.

ANATOLE.

Bien, patron.

CANIVET.

Quant à la fraîcheur de cet animal, inutile de te dire...

ANATOLE.

Oh! n'ayez pas peur...

CANIVET.

Que je n'y tiens pas essentiellement!.. C'est un ami intime qui vient déjeuner, il n'y a pas à se gêner avec lui... D'ailleurs, moi, je n'en mange jamais. Allons, va, mon ami, et ne flâne pas en route.

ANATOLE.

Non patron... nous disons donc... le contrat... (Il va au bureau et prend une liasse de papiers dans un carton.) Voilà!.... Le homard... Ah! à propos... et de l'argent?

CANIVET.

De l'argent...

ANATOLE.

Eh bien, oui, pour le homard!

CANIVET.

Est-ce que je ne t'ai pas payé tes appointements la semaine dernière?

ANATOLE.

Si, patron... mais...

CANIVET.

Tu n'as déjà plus d'argent ?.. Anatole! je te soupçonne d'être un débauché! (Il lui donne de l'argent.) Tiens, don Juan! (Il lui flanque un coup de pied.)

ANATOLE, amèrement.

Prodigue! (En s'en allant.) Inscrivez-le vous-même... je vous confie ma tenue de livres. (Il sort.)

SCÈNE VII

CANIVET, seul.

(Il va à l'ardoise trace une troisième barre et redescend.)

Cette confiance m'honore, et j'ai décidément bien fait de m'attacher ce garçon. Il est d'une docilité parfaite à l'endroit du... mais, me dira-t-on peut-être, pourquoi cette conduite si peu en rapport avec les progrès de la civilisation moderne... Ah! voilà! c'est la suite d'un serment solennel que je fis, il y a une trente-cinquaine d'années à mon premier patron, maître Badoulot, qui avait contracté avec moi... je n'ose dire vis-à-vis de moi, une habitude semblable... or, un jour que l'empreinte de ma honte était restée sur ma redingote, je me souviens encore que je m'écriai terrible et fulgurant : Ah! si jamais, à mon tour, je possède un clerc, je vous jure que je lui rendrai exactement tout ce que j'ai reçu de vous. Le ciel a béni mes efforts, et je croirais être ingrat envers la Providence en ne tenant pas mon serment... Et même je suis encore bien loin du compte; mais songeons un peu à nos affaires... Brisemuche ne peut tarder à arriver, et il faut que j'aie parlé à Louise avant qu'il ne paraisse. Hâtons-nous de bâcler cette union-là... (Appelant.) Louise! Eucharis! Louise!

SCÈNE VIII

CANIVET, LOUISE, EUCHARIS.

LOUISE.

Bonjour, papa.

CANIVET.

Bonjour, fifille, bonjour! voyons... asseyez-vous toutes deux... nous avons à causer. (A sa femme.) Eucharis.

EUCHARIS.

Mon ami.

CANIVET.

Vous souvenez-vous de ce que je vous disais hier soir avant que nous nous endormissions...

EUCHARIS.

Ernest!

CANIVET.

Ne vous souvient-il pas que je vous parlais de certain projet.....

EUCHARIS.

Ah! oui, relativement à votre fille.

LOUISE.

Relativement à moi, papa?

CANIVET.

Oui, fifille. Eh bien! Eucharis, le moment est venu de tout dire à cette enfant... (A Louise) Louise.....

LOUISE.

Papa!

CANIVET, à Eucharis.

Au fait, je préfère que ce soit toi qui lui annonce la chose.

EUCHARIS.

Volontiers... Louise, tu vas avoir dix-huit ans... Eh bien, nous avons songé à ton établissement.

LOUISE.

Quoi! vraiment... se peut-il!

CANIVET.

Il se peut, puisque ma femme te le dit.... Du reste, ton étonnement, fruit de l'éducation distinguée pour laquelle je n'ai épargné aucune dépense, me parait parfaitement en situation... (A Eucharis) continue, Eucharis...

EUCHARIS.

Tu connais, du reste, celui que nous te destinons, et nous espérons qu'il aura ton agrément.

LOUISE, à part.

Serait-ce Anatole?

CANIVET.

Pourtant, voilà plus de trois mois qu'il ne t'a vue, car il a quitté Paris depuis ce laps...

LOUISE, à part.

Ah! ce n'est pas Anatole. (Haut.) Mais papa, mais, maman je ne veux pas vous quitter... je suis si heureuse près de vous!

CANIVET.

Très en situation encore ce que tu dis-là!

EUCHARIS.

Voyons, Louise, pas d'enfantillage... Sans être un Adonis, ton futur...

LOUISE.

Ah! papa... (Avec effroi.) Ça n'est pas monsieur Brisemuche au moins.....

CANIVET, à Eucharis.

Tu vois, elle a deviné tout de suite, elle l'aime, j'en étais sûr...

LOUISE.

Moi! mais il est affreux, papa, et bête et ennuyeux. Ah! papa!

Air! *Le mois dernier.*

Je m' rappelle que l'année dernière
Avec lui la journée entière

Nous allâmes nous promener
Pût-il assez me taquiner.
Du déjeuner jusqu'au dîner
C'était la Saint-Médard.., pépère !..

CANIVET.

Saint-Médard ! C'est extraordinaire
Et je trouve étonnant, oui-dà !
Qu'il ne t'ait pas plû ce jour-là !
Comment n'a-t-il pas plû ce jour-là !

LOUISE, pleurant.

Hi ! hi ! hi !

CANIVET, avec tendresse.

Pleure, fifille, pleure... la situation le commande... Tiens, vois ta belle mère, elle aussi a pleuré quand on lui a annoncé qu'elle allait m'épouser, mais depuis...

EUCHARIS.

Ah ! Ernest !

SCÈNE IX

LES MÊMES, ANATOLE.

ANATOLE.

Me voilà, monsieur Canivet.

CANIVET.

Ah ! c'est toi, Anatole... Eh bien, as-tu fait toutes tes courses ?

ANATOLE.

Pas encore, patron, parceque j'ai réfléchi que vous pouviez avoir besoin du homard, et je vous l'ai rapporté... (Bas à Canivet.) J'ai joliment trouvé votre affaire, allez.. En voilà un... vous m'en direz des nouvelles !

CANIVET.

Eh bien ! veux-tu te taire, donc ! (Il va pour lui donner un coup de pied.)

ANATOLE.

Ah ! patron, vous savez nos conventions...Jamais devant le monde !

CANIVET.

C'est juste, tu as raison.

ANATOLE, à part.

Tiens ! qu'est-ce qu'elle a donc mademoiselle Louise ? on dirait qu'elle a pleuré !..

CANIVET.

Eucharis, va confier ce crustacé aux soins d'Anastasie, et jette un dernier coup d'œil sur les apprêts du repas.

EUCHARIS.

J'y vais mon ami. (Elle sort.)

CANIVET.

Et moi, je vais pendant ce temps, revoir un peu mon compte avec Brisemuche. (A Louise.) Va te faire belle, fifille, et ne pleure plus, hein? (A Anatole.) Attends-moi ici, Anatole.

ANATOLE.

Oui, patron, (Canivet sort.)

SCÈNE X

LOUISE, ANATOLE.

ANATOLE, arrêtant Louise.

Mademoiselle... un mot, je vous prie!

LOUISE.

Monsieur Anatole!

ANATOLE.

Mademoiselle, vous venez de pleurer!

LOUISE.

Moi... mais...

ANATOLE.

Au nom du ciel qu'avez vous?

LOUISE.

Mon Dieu, monsieur Anatole... C'est que... on veut me marier...

ANATOLE.

Vous marier! vous... Oh! quelle infamie!

LOUISE, à part.

Mais qu'est-ce qui lui prend donc? (Haut.) Est-ce que vous devenez fou?

ANATOLE.

Le devenir, c'est impossible, car je le suis déja... oui, mademoiselle, depuis le jour de l'omnibus, vous savez bien?

LOUISE.

Ah! oui, quand vous étiez si trempé!

ANATOLE.

C'est cela même! Ah! Louise... oui, Louise tout court, écoutez-moi, les moments sont précieux; vous avez deviné ce que je n'osais vous avouer, n'est-ce pas?

LOUISE.

Moi! mais...

ANATOLE.

Achevez... mais achevez...

LOUISE,

Eh bien?

ANATOLE.

Ah! z'achevez donc!

LOUISE.

Eh bien! je ne vous défends pas de parler à papa! (Elle se sauve.)

ANATOLE.

Louise!

SCÈNE XI

ANATOLE, puis ANASTASIE.

ANATOLE.

Parlez à papa; parlez à papa! Avec ça qu'il a une conversation agréable, papa!..

ANASTASIE, allant prendre la table.

Ah! M. Anatole... aidez-moi donc à mettre la table en place.

ANATOLE.

Je veux bien. (Il l'aide.) Parlez à papa!

ANASTASIE.

Merci bien, M. Anatole; ah! à propos, voilà un papier que j'ai trouvé ce matin et qui doit être à vous.

ANATOLE.

Merci!.. (Dans sa préoccupation, il met le papier dans sa poche sans y faire attention.)

SCÈNE XII

ANASTASIE, CANIVET, ANATOLE.

CANIVET.

Anastasie, Madame t'appelle... tu achèveras ton couvert tout-à-l'heure.. ah! et puis.... (Il lui parle bas.)

ANASTASIE.

Bien, monsieur. (Elle sort.)

ANATOLE.

Parlez à papa! (Il réfléchit.)

SCÈNE XIII

CANIVET, ANATOLE.

(Anatole est plongé dans ses réflexions. Canivet va pour lui donner un coup de pied, mais il s'arrête, va à l'ardoise, regarde combien il y a de barres et dit :)

CANIVET, à part.

Non, il faut savoir garder des poires pour la soif!.. (Haut.) Anatole... Je réfléchis que décidément il vaut mieux que ce soit moi qui me rende à la Générale. Toi, va-t-en vite chez M. Pingret mon notaire, et prie-le de m'attendre à deux heures.

ANATOLE, à part.

Chez le notaire! Ça doit être pour le contrat... Eh bien, en voilà un que je ne vais pas trouver chez lui, par exemple!

CANIVET.

Comment! tu es encore là!.. mais veux-tu bien te sauver! Ah! s'il était seulement trois heures de l'après-midi... (Anatole, sans rien dire, se sauve brusquement ; il se rencontre avec Brisemiche à la porte, et manque de le renverser en se sauvant.)

SCÈNE XIV

BRISEMUCHE, CANIVET.

BRISEMUCHE.

Eh bien! qu'est-ce que c'est donc que cet ouragan-là?

CANIVET.

C'est mon nouveau clerc, mon cher Brisemuche... il est un peu leste ; mais ce n'est pas un mal! ah! te voilà donc enfin de retour, mon bon Philoxène!

BRISEMUCHE.

Cet excellent Canivet!

CANIVET, à part.

Soyons très-affectueux. (Haut.) Quel plaisir de te serrer dans mes bras!

BRISEMUCHE.

Serre mon ami, serre tant que tu voudras... (A part) Il est bien tendre, méfions nous!

CANIVET.

Voyons, mon excellent ami... pendant que nous sommes seuls, parlons un peu de choses sérieuses...

BRISEMUCHE.

Comme tu voudras.

CANIVET.

Je suis toujours ton débiteur d'une petite somme de quinze mille francs.

BRISEMUCHE.

Qui, avec les intérêts font...

CANIVET.

Ne m'interromps pas. Et bien, apprête-toi à bondir de joie.

BRISEMUCHE.

Tu vas me payer ?

CANIVET.

Oui........

BRISEMUCHE, joyeux.

Ah!

CANIVET.

Et non!

BRISEMUCHE, triste.

Ah!

CANIVET.

Attends... tu vas voir... mais pour n'être pas dérangés, j'ai dit à Anastasie que nous mettrions le couvert nous-mêmes; de cette façon, nous pouvons causer à notre aise.. ainsi donc, écoute-moi, en me passant les verres qui sont là, dans l'armoire...

BISEMUCHE, passant les verres.

Tu disais donc tout-à-l'heure...

CANIVET.

Oui et non, ce qui a paru te désorienter un peu... mais tu vas me comprendre tout de suite. (Avec solennité.) Philoxène.. passe-moi la moutarde...

BRISEMUCHE.

Voilà...

CANIVET.

Philoxène... pour arranger tous nos comptes à l'amiable, Philoxène.. veux-tu être mon gendre?...

BRISEMUCHE.

Hein!... quoi... ton gendre... mais alors, dis donc, j'épouserais ta fille?...

CANIVET.

Je ne connais que ce moyen de devenir mon gendre... Tu comprends... tout cela passera dans la dot, et se retrouvera plus tard. D'ailleurs, j'avais deviné ta passion pour Louise.

BRISEMUCHE.

Ma passion pour Louise?...

CANIVET.

Tu ne te l'étais peut-être pas avoué à toi-même mais tu l'adores...

BRISEMUCHE.

Tu crois? au fait, c'est bien possible ; mais vrai, je ne m'en étais pas aperçu...

CANIVET.

Quand je te le disais... Mets donc le poivre en place... Du reste, je te donne quelques minutes pour réfléchir... seulement, je te préviens qu'Anastasie a l'ordre de ne servir le déjeûner que lorsque que tu auras consenti...

BRISEMUCHE.

Ah! sapristi !... mais...

CANIVET.

Ainsi, dépêche-toi... Tu connais ma fortune, n'est-ce pas? mes trois faillites successives l'on honorablement augmentée dans ces derniers temps. Et même, dans la situation où nous nous trouvons, je n'hésite pas à te confier un grand secret...

BRISEMUCHE.

Ah !

CANIVET.

Imagine-toi qu'en ton absence, j'ai fait une opération merveilleuse... Contre neuf mille francs de rente viagère, j'ai acquis la fortune d'un ancien parfumeur, le sieur Cachepot, âgé de 74 ans, qui possédait la somme assez rondelette de 120,000 francs... Et ce vieillard a été assez délicat pour décéder la nuit même qui a suivi la signature de notre petit contrat...

BRISEMUCHE.

En voilà une veine !

CANIVET.

Attends ! Il y a un cheveu !... L'acte n'a malheureusement pas été enregistré que quelques heures après la fin prématurée de cet honnête commerçant qui possédait également un certain neveu...

BRISEMUCHE.

Aïe ! Tu appelles ça un cheveu,.. mais c'est une mèche, Ernest, une énorme mèche !

CANIVET.

Le neveu a disparu, et je forme chaque jour les vœux les plus fervents pour qu'il ait suivi dans la tombe son oncle adoré. Tout me fait espérer qu'il ne reparaîtra pas... Car s'il revenait, il faudrait absolument lui rendre.. Mais cette affaire est demeurée secrète. Tout le monde ici l'ignore, jusqu'à mon clerc, Anatole Tarascon, tu sais... celui qui t'a un peu bousculé tout à l'heure ?

BRISEMUCHE.

Ah ! oui, je n'ai pas même aperçu sa figure.

CANIVET.

Toutes les chances sont donc en notre faveur, aussi je me flatte qu'à présent tu ne refuses plus...

BRISEMUCHE.

Allons, c'est dit, j'accepte !

CANIVET.

Dans mes bras, Philoxène, dans mes bras !

BRISEMUCHE.

Dans mes bras, Ernest, dans mes bras ! (A part) Si le neveu reparaissait, par exemple, rien de fait !

CANIVET, à part.

Enfin ! je ne suis plus père ! (Haut) Eucharis !... Eucharis ! ça y est ! (Courant à la porte du fond.) Anastasie ! tu peux servir ! Il épouse !

SCÈNE XV

CANIVET, BRISEMUCHE, EUCHARIS, LOUISE.

EUCHARIS.

Ah ! monsieur Brisemuche !

BRISEMUCHE.

Madame Canivet... mes hommages... (A Louise) mademoiselle !...

CANIVET.

Allons ! allons ! mon ami ! assez de Versailles comme ça, hein ! à table ! là, Brisemuche, place-toi là, entre ma femme et ma fille...

BRISEMUCHE.

Entre le printemps et l'été.

CANIVET.

Comme il est gracieux, mon gendre... Louise est au fait de tout, mon cher Philoxène, et elle consent avec bonheur.

LOUISE.

Mais papa...

CANIVET.

Je dis avec bonheur; ah ! le superbe homard, il paraît être d'une fraîcheur...

BRISEMUCHE, le goûtant.

En effet.

CANIVET.

Ah ! ça, voyons, mon cher Brisemuche, et ton dernier voyage, tu ne nous en parles pas... t'es tu bien amusé à Besançon ?

BRISEMUCHE.

Amusé ! pas positivement! il s'en est même peu fallu que je n'en revinsse pas. (A Louise) Oserai-je vous offrir cette patte ?

CANIVET, à part.

Il lui offre une patte... délicate allusion ! (Haut) Comment, que tu n'en revinsses pas? que signifie cet imparfait du subjonctif?

EUCHARIS.

Contez-nous cela, M. Brisemuche !

BRISEMUCHE.

Avec plaisir, belle dame. Il faut vous dire que je possède à Besançon un cousin, le capitaine Margaillou, chez qui je descends d'ordinaire lorsque mes affaires m'appellent dans cette ville. C'est un homme charmant que je compte vous présenter lors du moment heureux qui... .

EUCHARIS.

Continuez, de grâce... nous sommes tout oreilles...

BRISEMUCHE.

Le lendemain même de mon arrivée, je dormais d'un sommeil paisible, lorsque mon cousin entre brusquement dans ma chambre, et me faisant lever dar-dar, il m'explique qu'il attend de moi le service d'être son témoin dans une affaire d'honneur. Je lui fis d'abord quelques réflexions sur la barbarie de ce préjugé, puis je finis par accepter.

CANIVET.

Noble cœur ! n'est-ce pas, fifille?

LOUISE.

Oui, papa.

BRISEMUCHE.

Le motif de la querelle était des plus graves. La veille au soir, au café que fréquentent d'ordinaire tous les militaires de l'endroit, et qui pour cela, sans doute, s'appelle café de la Paix, un jeune homme étranger à la ville, avait fait un magnifique carambolage en prenant le nez de mon cousin pour la rouge... Pas moyen d'arranger l'affaire... vous comprenez... un militaire !

CANIVET.

Noble cœur aussi !

BRISEMUCHE.

Nous arrivons sur le terrain. L'arme choisie était le pistolet.

CANIVET.

Ah ! c'est palpitant ! Palpites-tu, Eucharis ?

EUCHARIS.

Oui, mon ami.

CANIVET.

Nous palpitons tous, continue, Philoxène !

BRISEMUCHE.

Nous plaçons les adversaires à quinze pas, et nous nous mettons à l'écart... vous l'avouerai-je ?

CANIVET.

Avoue-le, avoue-le...

BRISEMUCHE.

Je n'étais pas sans éprouver une certaine émotion. Mon cousin tire le premier. C'était son droit d'offensé ! Il manque son adversaire... alors, ce dernier abaisse son arme, vise pendant une seconde et s'écrie en tirant de côté : je vous fais grâce de la vie... le coup part, et... je tombe.

CANIVET, vivement.

Mort !

BRISEMUCHE.

Non ! je n'étais même pas touché. Ma sensibilité nerveuse avait seule été atteinte !

CANIVET.

Oh ! noble cœur !

BRISEMUCHE.

Quand je revins à moi, le jeune homme avait disparu. On m'a conté, qu'en me voyant tomber il s'était enfui en poussant des cris hideux ! je ne l'ai du reste, jamais rencontré depuis. Et voilà !

CANIVET.

Ah ! mon ami, ton histoire m'a vivement ému.

EUCHARIS.

Ah ! moi aussi, M. Brisemuche.

CANIVET.

Quel courage ! quel sang froid ! Ah ! comme je serai fier de t'avoir pour gendre ! (Appelant) Anastasie, vite le café !

BRISEMUCHE.

Est-ce que tu as à sortir ? (Ils se lèvent de table.)

CANIVET.

Oui j'ai fait donner rendez-vous à mon notaire ; tu sais pourquoi ? à propos, quel temps fait-il ce matin ?

BRISEMUCHE.

Ah ! un temps affreux ! Il fait un vent à décorner les bœufs.

EUCHARIS, vivement.

Ernest, fais bien attention !

CANIVET, furieux.

Que signifie cette exclamation, madame ?

EUCHARIS, troublée.

Mais, Ernest, c'est à cause des cheminées,

CANIVET, bas à Eucharis.

Je n'aime pas ces quiproquos, madame ! (Anastasie rentre et range la table dans un coin, puis sort par le fond.)

SCÈNE XVI

LES MÊMES, ANATOLE, entrant vivement.

ANATOLE.

Patron, je viens de chez monsieur Pingret. (Il aperçoit Brisemuche et tombe évanoui sur un fauteuil placé à gauche du théâtre. En tombant.) Ciel !

CANIVET.

Qu'est-ce qu'il a ?

BRISEMUCHE.

Oh ! en voilà un hasard !

CANIVET.

Quoi donc ?

ANATOLE, revenant à lui.

Quoi ! je ne rêve pas... c'est vous, monsieur ! Mais vous avez donc oublié de vous faire enterrer ?

BRISEMUCHE.

Moi ! mais...

ANATOLE.

Ou plutôt.. je devine ! je vous ai manqué ! Ah ! monsieur, Et ça va bien, du reste ?

BRISEMUCHE.

Mais parfaitement, jeune homme !.. je vous remercie.. et tenez, il n'y a qu'un instant je racontais à ces dames l'aventure de Besançon.

ANATOLE, joyeux.

39,718 habitants ! Le compte y est toujours !

CANIVET.

Ainsi, c'était de lui qu'il s'agissait tout à l'heure. Spadassin, va !

EUCHARIS.

Ah ! quelle rencontre !

CANIVET.

Certainement, si j'en avais le temps, ma surprise serait considérable. Mais je dois immédiatement me rendre chez Maître Pingret... à tout-à-l'heure, Brisemuche, attends-moi... (A Eucharis bas.) Et je ferai attention aux cheminées, madame ! (Il sort.)

SCÈNE XVII

LES MÊMES, moins CANIVET.

EUCHARIS.

Comme il m'a dit cela !

ANATOLE, serrant les mains de Brisemuche.

Ah ! monsieur, que je suis heureux !

LOUISE, bas à Anatole.

Mais c'est lui qui m'épouse !

ANATOLE.

Lui ! ah ! sapristi, ai-je été assez maladroit !

EUCHARIS.

Louise, laissons ces messieurs. Ils seront peut être bien aise de renouveler une connaissance faite...,

BRISEMUCHE.

A bout portant. (Il rit.)

ANATOLE, à part.

Attends, attends, je vais te faire ricaner, moi!

(Louise et Eucharis sortent)

SCÈNE XVIII

BRISEMUCHE, ANATOLE.

ANATOLE.

Nous voilà seuls, monsieur, et nous avons à causer....

BRISEMUCHE.

Volontiers, monsieur.

ANATOLE.

Monsieur, je regrette sincèrement, oh ! mais là, sincèrement...

BRISEMUCHE.

Oh ! c'est inutile.

ANATOLE.

D'avoir eu la bêtise de vous manquer.

BRISEMUCHE.

Hein !

ANATOLE.

Et j'espère être plus heureux demain matin à sept heures au bois de Vincennes. Surtout soyez exact, parce qu'il faut que je sois ici tous les jours à neuf heures précises... ainsi je n'aurai que juste le temps de vous expédier...

BRISEMUCHE.

Comment... vous dites..

ANATOLE.

Monsieur, j'aime mademoiselle Louise. Vous êtes mon rival, et si vous ne vous effacez pas, c'est moi qui vous effacerai!

BRISEMUCHE.

Comment, vous aimez cette jeune fille, vous, Monsieur Tarascon, je crois...

ANATOLE.

Tarascon... moi!.. allons donc! Je n'ai plus de motif pour cacher mon nom maintenant! Anatole Cachepot, s'il vous plait!

BRISEMUCHE.

Comment! vous avez dit... Cache..

ANATOLE.

... pot, oui, monsieur!

BRISEMICHE, tombant évanoui sur le fauteuil.

Ciel! c'est le cheveu! ah!

ANATOLE.

Eh bien! il s'évanouit...

BRISEMUCHE, se relevant.

Ah! mais il faut que je cours après Canivet pour l'avertir. (A Anatole.) Ah! jeune homme, nous nous reverrons, tout-à-l'heure, dans l'instant... Cachepot.. C'est le Cachepot! ah! quel événement! recevoir ainsi sur la tête un Cachepot... adieu! monsieur... ou plutôt au revoir.. ah! grand Dieu! (Il se sauve par le fond.)

SCÈNE XIX

ANATOLE, seul.

Est-ce que ça lui prend souvent, ça? Mais que m'importe, je puis maintenant tout espérer. L'essentiel serait de mettre madame Canivet dans mes intérêts... ce sera difficile... ah! mes gants... (Il fouille dans ses poches.) Tiens! le papier que m'a remis Anastasie. Qu'est-ce que c'est donc que ça? une lettre!... voyons donc (Il lit.) « Cher ange, (s'interrompant.) Cher ange! mais ça n'est pas à moi, ça... (Reprenant sa lecture.) « cher ange! Je ne passerai pas demain sous votre fenêtre, comme à mon habitude... Je souffre horriblement d'une dent que je compte aller me faire arracher chez un dentiste qui habite la banlieue... mais je ne serai pas longtemps sans vous voir. Je cherche en ce moment un moyen adroit de m'introduire chez vous, car vivre plus longtemps sans vous voir, m'est devenu imposible. Votre Hector. » (Cessant de lire.) Hector! Et pas d'adresse... à qui diable peut s'adresser cette épître incandescente. Tiens, mais au fait, je me rappelle... Ce matin quand je suis arrivé, madame Canivet... plus de doute... Allons, je crois que je tiens mon moyen !

SCÈNE XX

LOUISE, ANATOLE.

LOUISE.

Eh bien ! M. Anatole, avez-vous parlé à papa ?

ANATOLE.

Non, pas encore, mais j'ai mieux que ça.

LOUISE.

Ah !

ANATOLE.

Oui, asseyez-vous là. (Il la fait asseoir dans un fauteuil.) Là maintenant donnez-moi votre main. (Il se met à genoux.) Et laissez-moi la couvrir de baisers !

LOUISE.

Mais, monsieur !

ANATOLE.

Et c'est pour brusquer le dénouement... j'entends votre belle mère, quand elle entrera, poussez un petit cri d'effroi et sauvez-vous.

LOUISE.

Tiens... mais je ne comprends pas.

ANATOLE, lui baisant les mains.

C'est pour brusquer le dénouement.

LOUISE.

Ah ! mais, vous brusquez trop, monsieur !

(Madame Canivet entre du côté opposé et aperçoit le tableau : Louise se sauve en poussant un cri.)

ANATOLE.

Très-gentil, ce cri là !

SCÈNE XXI

ANATOLE, EUCHARIS.

(Anatole toujours à genoux se retourne du côté d'Eucharis.)

ANATOLE.

Madame, la position dans laquelle vous venez de me trouver, me dispense de toute explication, et... (Tirant de sa poche une paire de gants.) J'ai l'honneur de vous demander, pour moi, la main de mademoiselle Louise Canivet, votre belle-fille !

EUCHARIS.

La main de Louise! Mais cela ne dépend pas de moi monsieur, et jamais mon mari ne consentira à accorder sa fille à un clerc....

ANATOLE.

A un clerc obscur .. je connais le mot, ne me le faites pas! Mais si vous daigniez parler pour moi...

EUCHARIS.

Allons donc! Vous n'y pensez pas!

ANATOLE, se relevant à part.

Elle refuse.... En avant les grands moyens. (Haut.) Mon Dieu, madame, je connais assez les convenances pour savoir que je n'aurais pas dû faire cette démarche moi-même.. J'en comptais charger un de mes plus intimes amis... Mais je suis allé tout-à-l'heure chez lui, et il était sorti, ce cher Hector.

EUCHARIS.

Hector!

ANATOLE.

Il paraît qu'il est allé chez son dentiste, à la banlieue.

EUCHARIS, dans le plus grand trouble.

Mais je ne comprends pas, monsieur.

ANATOLE.

Il avait même laissé pour moi cette lettre... (Il tire la lettre de sa poche et la montre à Eucharis.)

EUCHARIS.

Ciel! (Elle tombe à demi-évanouie dans le fauteuil.)

ANATOLE, à part.

J'ai produit mon petit effet! maintenant, montrons-lui mon âme tout entière... (Haut.) oh! je vous demande bien pardon.. je me trompais... cette lettre n'est pas d'Hector.

EUCHARIS, r'ouvrant les yeux.

Hein?

ANATOLE.

Non... c'est tout simplement une lettre que je vous avais écrite, et que je vous demande la permission de vous lire moi-même.

EUCHARIS.

Comment!

ANATOLE, feignant de lire.

Madame...

Air : *amis, voici la riante semaine*

Je sais combien vous êtes charitable
Et je viens faire appel à votre cœur.
Pour mon amour, montrez-vous secourable,

Prenez pitié de votre serviteur !
Vous connaissez ma secrète espérance
Un mot de vous, finirait mon tourment
Veuillez madame, agréer l'assurance
De mon respect et de mon dévouement.
Et c'est signé par moi tout simplement!

Voyez plutôt... (Il lui remet la lettre.)

EUCHARIS, à part.

C'est bien ma lettre... (Elle la déchire.) Ah! monsieur, jamais je n'oublierai.., comptez sur moi!

ANATOLE, se jetant à genoux.

Ah! madame, je retombe à vos pieds!

SCÈNE XXII

EUCHARIS, ANATOLE, CANIVET.

CANIVET.

Je n'ai pas trouvé... (Apercevant Anatole aux genoux d'Eucharis.) Dieu! qu'aperçois-je?

ANATOLE.

Le patron!

CANIVET.

Mon clerc! aux genoux d'Eucharis! attends!... Sardanapale! (Anatole se sauve par la droite. Canivet disparait en le poursuivant.)

EUCHARIS.

Ah! quelle erreur! Ernest! Ernest! (Elle se sauve à son tour.)

SCÈNE XXIII

La scène reste vide pendant une minute. Trémolo à l'orchestre. On entend un grand bruit, puis Anatole rentre tout essoufflé, va à l'ardoise et y tire vivement une 4e barre. Cela fait, il va se cacher derrière un rideau. On entend la voix de Canivet dans la coulisse.

ANATOLE caché, CANIVET, puis BRISEMUCHE.

CANIVET, du dehors.

Laisse-moi, te dis-je, laisse-moi... (Il entre en scène avec un grand sabre, suivi de Brisemuche.) Brisemuche, laisse-moi, je veux venger mon honneur dans une mare de sang!

BRISEMUCHE.

Et il s'agit bien de mare!

CANIVET.

Brisemuche, je vous trouve extrêmement froid pour l'honneur de votre nouvelle famille.

BRISEMUCHE.

Mais écoute-moi donc, à la fin... cet Anatole, ton clerc...

CANIVET.

Cet Éliogabale, ce Desgrieux, ce...

BRISEMUCHE.

C'est le cheveu... non le neveu!

CANIVET.

Quel cheveu?

BRISEMUCHE.

Le neveu de l'homme aux cent vingt mille francs...

CANIVET.

Dieu! (Il tombe sur le fauteuil.)

BRISEMUCHE.

Il ne songe nullement à ta femme.

CANIVET.

Le neveu! Et moi qui viens justement dans le corridor, de lui... (Il fait le geste d'un coup de pied.) Ah! je voudrais ne pas l'avoir atteint! (Il va à l'ardoise.) Si! touché! ah!... Brisemuche, soutiens-moi! (Il retombe dans le fauteuil.)

BRISEMUCHE, appelant.

Anastasie! Madame Canivet!

SCÈNE XXIV

LES MÊMES, EUCHARIS, LOUISE, ANATOLE sortant de sa cachette, ANASTASIE.

EUCHARIS.

Ernest! évanoui!

LOUISE.

Papa! papa!

ANASTASIE.

Faut-il aller chercher du Bully?

EUCHARIS.

Non, il revient à lui... Ernest, mon Ernest... Je t'assure que tu faisais erreur... monsieur Anatole me demandait tout simplement la main de Louise!

ANATOLE.

C'est fait, que va-t-il dire?

TOUS.

Que va-t-il dire? Que va-t-il dire?

CANIVET.

La main de Louise, vrai ? (A part.) Tiens, mais alors tout est sauvé ! (Haut.) Comment, mon petit Totole, tu aimais ma fille ?

ANATOLE, étonné.

Mon petit Totole... Il est devenu idiot... Eh bien ! tenez, voilà quelque chose qui ne m'étonne pas !

CANIVET.

Et toi, Louise, est-ce que tu l'aimes aussi ?

ANATOLE.

Elle m'aime z'aussi, oui, patron !

CANIVET.

Mais c'est entendu, alors ! (Vivement.) Ah ! sapristi ! et Brisemuche à qui j'ai donné ma parole.

Air :

Comment diable arranger cela,
Comment vous deux vous satisfaire,
Vraiment, pour me tirer de là
Je ne sais ce que je dois faire.
Mais j'y songe... Il est un moyen
D'finir cet embarras extrême
Brisemuche a ma parole... Eh bien !
Qu'il la garde... Et toi, prends sa main
Je n'veux pas tout donner au même
Il n'faut pas tout donner au même.

ANATOLE.

Ah ! monsieur Canivet ! (Il lui serre les mains.)

BRISEMUCHE.

Oh ! quant à moi, je me retire, mon ami. (A part.) Et sans regrets. Il va falloir restituer...

CANIVET.

Grande âme ! (A Anatole.) Mais pourquoi ne pas m'avoir parlé plus tôt de cet amour ? n'ai-je pas été toujours plein d'aménité à ton égard ?

ANATOLE, à part.

Ah ! bien ! s'il se trouve amène celui-là ! (Haut.) Certainement, patron.

CANIVET, à Louise.

Et tu es heureuse de t'appeler madame Tarascon !

ANATOLE.

Non pas ! non pas ! madame Cachepot, patron.

CANIVET.

Cachepot ! (A part.) Feignons un étonnement indispensable. (Haut) serais-tu par hasard parent du parfumeur de ce nom ?

ANATOLE.

C'est mon oncle.

BRISEMUCHE, bas.

Tu vois.

ANATOLE.

Tiens! cela me fait penser que je ne l'ai pas revu depuis mon retour... je n'osais pas me présenter à lui à cause de... (Il fait le geste de tirer le pistolet.)

CANIVET.

Quoi, vraiment! tu ne l'as pas revu avant...

ANATOLE.

Avant quoi?

CANIVET.

Avant... l'événement. (A Brisemuche.) Aide-moi, Philoxène.

BRISEMUCHE.

Vous ignorez donc le petit accident?

ANATOLE.

Certainement, parlez.

CANIVET, à Brisemuche.

Usons de ménagements. Je vais employer une métaphore. (A Anatole.) Eh bien! mon ami, apprends donc qu'il a... descendu le grand escalier.

BRISEMUCHE.

Et sur la rampe!

ANATOLE.

Ah! quel drôle d'exercice... Il a dû se faire mal, à son âge!

CANIVET.

Il ne comprend pas! nous nous serons mal expliqués. Anatole, faut-il te parler plus clairement? ton oncle à éteint son gaz!

BRISEMUCHE.

Pauvre cher homme!

ANATOLE.

Ah! il s'éclairait au gaz!

CANIVET.

Il n'y est pas encore! ah! ça, voyons, il y a cinq minutes que nous prenons comme ça des précautions... Anatole... ton oncle...

BRISEMUCHE.

Votre excellent oncle...

CANIVET.

Il est feu, comprends-tu? maintenant c'est feu ton oncle! quoi!

ANATOLE.

Comment... lui.. Un homme qui avait une si belle écriture ! ah ! mais, ça me fait quelque chose... c'est drôle ça... Eh bien, ça me fait quelque chose...

BRISEMUCHE, à part.

Je le crois parbleu bien !... ça lui fait même quelque chose... comme six mille livres de rentes, le gredin !

CANIVET, à part.

Soyons grand, puisque je ne peux pas faire autrement. (Haut) Anatole, avant de donner un pleur à sa mémoire, apprends que ton vieux Cachepot d'oncle m'avait laissé toute sa fortune par un acte authentique. (A part) mais irrégulier.

ANATOLE.

Allons, bon !

CANIVET.

Mais cette fortune... regarde-moi bien... cette fortune je te la rends !..

BRISEMUCHE, feignant l'attendrissement.

Ah ! Canivet ! quelle âme que la tienne ! (A part.) Quel vieux singe que ce Canivet !

ANATOLE.

Ah ! patron !

EUCHARIS.

Ah ! Ernest !

LOUISE.

Ah ! papa !

ANASTASIE.

Ah ! not' maître !

CANIVET.

Ces témoignages d'une sympathique admiration seront ma seule récompense ! Mais je connais ton peu de goût pour les chiffres, tu vas sans doute me supplier de garder cette fortune et de la faire fructifier (Mouvement d'Anatole.) Je comprends ce désir... et j'y accède ! Je t'en verserai l'intérêt.

EUCHARIS.

Ah ! Ernest !

LOUISE.

Ah ! papa !

ANASTASIE.

Ah ! m'sieu !

CANIVET,

Merci, encore une fois, merci ! (A Brisemuche.) Je crois que ce n'est pas trop mal arrangé, hein ?

BRISEMUCHE.

Dis donc, Ernest, tout ça c'est très-gentil, mais et mes quinze mille francs ?

CANIVET, lui montrant le groupe formé par les autres personnages.

Ah ! Philoxène ! aurais-tu le cœur de venir troubler par

d'odieux calculs cette petite fête de famille... non, je te connais trop...

BRISEMUCHE.

Mais cependant...

CANIVET.

Ne crains rien... Je mettrai cela sur mon testament. (Au public.) Je lui dis ça, mais j'espère bien que c'est moi qui prononcerai quelques paroles émues sur sa tombe ! (A Anatole.) Tiens! mais j'y pense, me voilà sans employé maintenant.

ANATOLE.

Dites donc, beau-père, si vous prenez un autre clerc est-ce que vous lui octroierez toujours les mêmes... émoluments?

CANIVET.

Oh! plus considérables, mon ami, bien plus considérables.

ANATOLE.

Eh bien ! Je crois que j'ai votre affaire... (Regardant Eucharis.) Un de mes amis, nommé Hector, qui désire vivement entrer chez vous...

CANIVET.

C'est entendu.

EUCHARIS.

Mais... Ernest...

CANIVET.

Pas d'observations, Eucharis, vous savez que je suis coulé en bronze. (A Anatole.) Tu me le présenteras demain, et il entrera en fonctions tout de suite, parce qu'avec toi je me rouillais un peu, vois-tu... Ah ! il faudra que je rattrape avec Hector.

ANATOLE, regardant l'ardoise.

Tiens, au fait, dites donc. Il n'y en a eu que quatre aujourd'hui !

CANIVET.

C'est vrai. (Il commence le geste.) Mon gendre ! jamais !(Avec attendrissement.) Je t'en fais grâce... ce sera mon cadeau de noces !

CANIVET, au public.

Air : *mon fouet est veuf.*

Quand nous allons terminer cet ouvrage
Dont le sujet me semble un peu scabreux,
Pardonnez-nous, messieurs, ce badinage,
Et pour l'auteur, montrez-vous généreux,
Par un succès vous combleriez ses vœux.

L'on pourrait bien ici nous chercher noise
C'est humblement qu'il vous faut invoquer.,.
Il en manque un encor sur cet ardoise,
Ah ! n'allez pas surtout nous l'appliquer !
Celui qui manque encore sur cette ardoise,
Daignez, messieurs, ne pas nous l'appliquer !

(Le rideau baisse.)

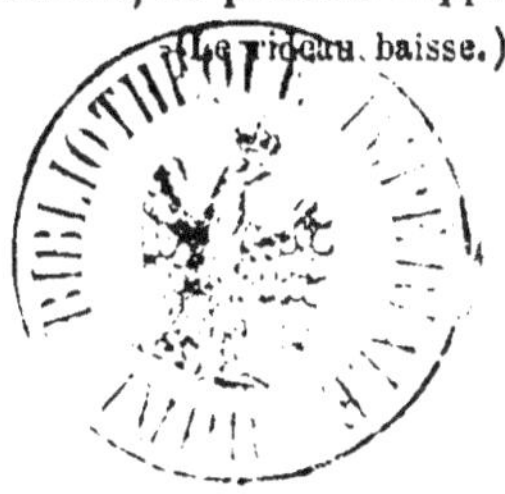

FIN.

Coulommiers. — Typ. A. Moussin et Ch. Unsinger.

www.ingramcontent.com/pod-product-compliance
Lightning Source LLC
LaVergne TN
LVHW010009230826
846092LV00002B/728

* 9 7 8 2 3 2 9 4 1 1 9 1 0 *